DIESES BUCH GEHÖRT

SAMI

SPANNENDE ABENTEUER

GESCHICHTEN ZUM VORLESEN

INHALT

WIE ALLES BEGANN   7

Text: Colin Hosten
Illustrationen: Georges Duarte, Ekaterina Myshalova, Olga Lepaeva, Pierluigi Cosolino, Fabio Paciulli und Tomasso Moscardini

EIN STILLER ORT   53

Text: Matthew K. Manning
Illustrationen: Scott Cohn und Vita Efremova

Wir produzieren
nachhaltig

- Klimaneutrales Produkt
- Papiere aus nachhaltigen
  und kontrollierten Quellen
- Hergestellt in Europa

© 2024 MARVEL
Alle Rechte vorbehalten.
Gestaltung und Satz: awendrich grafix, Haseldorf
Übersetzung: bieberbooks, Lübeck
Redaktion: Claudia Dziallas, Hamburg
Wir behalten uns die Nutzung unserer Inhalte
für Text und Data Mining im Sinne von § 44b UrhG
ausdrücklich vor.

WIE ALLES BEGANN

PETER QUILL wollte schon immer etwas über seinen Vater erfahren. Eines Tages gab ihm seine Mutter eine kleine Kiste mit Bildern und Sammelstücken, die seinem Vater gehört hatten, und erzählte ihm, sein Vater käme aus dem Weltall. Nach seiner Bruchlandung auf der Erde hatte sich sein Vater verliebt und mit Peters Mutter eine Familie gegründet. Eines Tages musste Peters Vater wieder in seine kosmische Heimat zurückkehren, doch in der Kiste befand sich ein besonderer Tracker. Wenn Peter sich im Weltraum aufhielte, könnte er damit Kontakt zu seinem Vater aufnehmen. Peter schwor sich, dass er eines Tages in den Weltraum und zu seinem Vater gelangen würde.

Peter lernte und trainierte sehr hart, und nach vielen Jahren wurde er Astronaut. Er war endlich so weit, seinen Vater zu finden.

Peter schoss in den Kosmos hinaus, sein Tracker blinkte hell und piepte. Auf jedem Planeten, den sie anflogen, suchte Peter seinen Vater. Auf einem seltsamen Planeten traf Peter auf Ravagers, Weltraumpiraten und -schmuggler, die das All nach Schätzen absuchten.

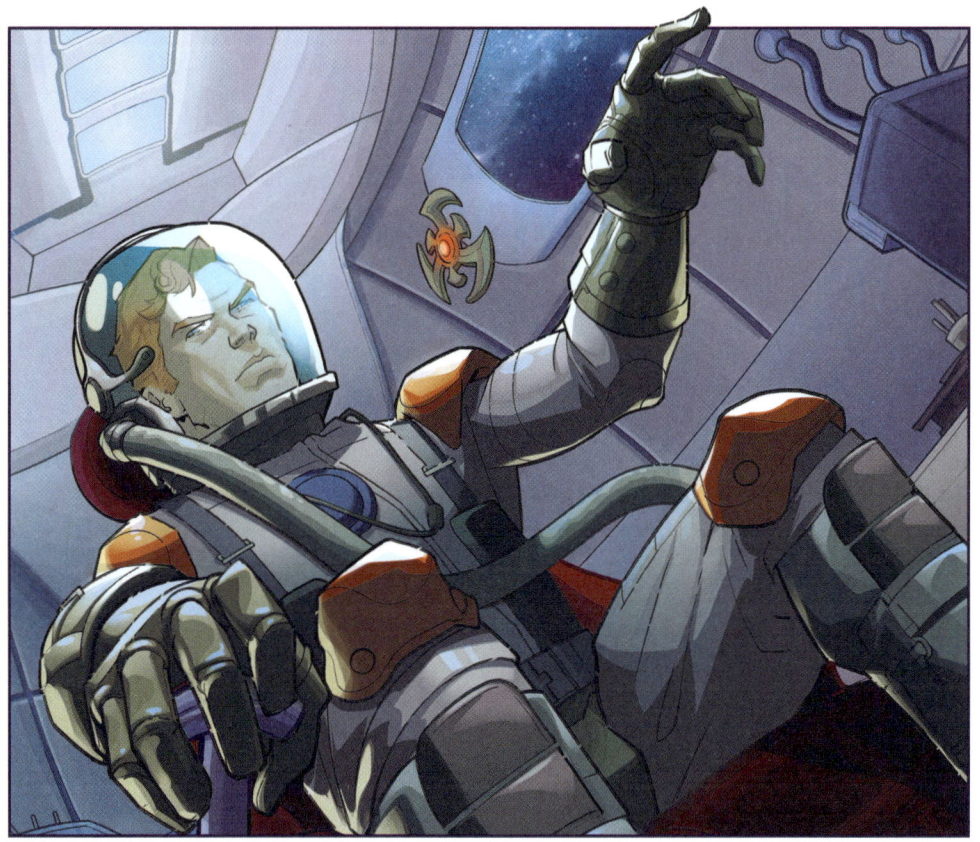

Den Ravagers gefiel Peters menschliche Erscheinung, und sie meinten, er würde einen guten Dieb abgeben. Sie baten Peter, sich ihnen anzuschließen. Peter folgte ihnen unter der Bedingung, dass er auf den Raubzügen seinen Vater suchen dürfe.

SELBST MIT DEN RAVAGERS
FÜHLTE PETER SICH ALLEIN.
ER WOLLTE NUR ENDLICH
SEINEN VATER FINDEN.

DIE RAVAGERS WAREN
SEHR NETT ZU PETER – SIE
GABEN IHM SOGAR EIN
BRANDNEUES RAUMSCHIFF,
DAS ER MILANO NANNTE.

Peter und die Ravagers reisten durch die gesamte Galaxie, aber sie konnten Peters Vater nicht finden. Doch eines Tages machten die Ravagers auf Knowhere Rast, um zu tanken – einer Raumstation, die wie ein Schädel geformt war.

Peter kam zu Ohren, dass ein intergalaktischer Herrscher zu Besuch war. Er sah, wie die Menschen diesem zujubelten, und traute seinen Augen nicht. Er nahm ein altes Foto aus seiner Erinnerungskiste hervor und bahnte sich einen Weg nach vorn, um den Herrscher besser zu sehen. Er war etwas älter und grauer, aber das Gesicht war unverkennbar – Peter hatte seinen Vater gefunden.

Peter hatte so viele Fragen! Warum hatte sein Vater die Erde und seine Familie verlassen?

„Er muss mich sehen", dachte Peter. Er drängte sich durch die Menge, kletterte über eine Sicherheitsbarriere und kam dem Herrscher immer näher.

„He, du kommst zu dicht heran!" Zwei königliche Wachen führten Peter ab.

Peter rief nach seinem Vater, doch es war vergeblich. In der jubelnden Menge konnte er Peter nicht hören.

Niedergeschlagen und allein, überlegte sich Peter seinen nächsten Schritt. Er wollte nicht auf die Erde zurück. Peter genoss das Leben im Weltraum, aber nicht mit den Ravagers, die nur stahlen und schmuggelten. Peter wollte neue Dinge entdecken.

Da kam ihm eine Idee: Er würde die Galaxie nach großen Abenteuern durchstreifen und dadurch berühmt werden. Und vielleicht würde sein Vater von diesem Weltraumhelden hören, den alle **STAR-LORD** nennen.

Auf seinen intergalaktischen Reisen traf Peter die große Kriegerin Gamora.

Als junges Mädchen war Gamora von Thanos, dem gefürchtetsten Superschurken des Universums, aufgenommen worden. Er zog Gamora und ein anderes Mädchen namens Nebula zu gefährlichen Kriegerinnen heran. Nebula gewöhnte sich an die Gewalt, aber Gamora wollte anderen helfen. Sie floh vor ihrer bösen Familie auf der Suche nach einem besseren Leben.

Star-Lord und Gamora hatten von Anfang an eine besondere Verbindung. Sie verstand Peters Suche nach seiner Familie … und sein Gefühl, allein zu sein. Gamora begleitete Peter fortan auf seinen Abenteuern, und nun waren beide nicht mehr allein.

Auf einer ihrer Reisen trafen Star-Lord und Gamora den großen Krieger Drax den Zerstörer.

Drax hatte vor langer Zeit seine Familie verloren. Er streifte durch die Galaxie, half den Schwachen und kämpfte gegen das Unrecht. Er schloss sich Star-Lord und Gamora an – auch weil er wusste, was es heißt, ohne Familie zu sein. Drax hätte es nie zugegeben, doch auch er hatte sich einsam gefühlt.

Der nächste Halt der Gruppe war auf dem Planeten X. Drax hatte Star-Lord von den wuchernden Wäldern dort erzählt, die von baumartigen Wesen bewohnt wurden.

Star-Lord glaubte, dass dort aufregende Entdeckungen auf ihn warteten.

Die Wesen scheuten alle vor dem Trio zurück, nur ein freundlicher Baum namens Groot kam näher. Das Leben von Groot auf dem Planeten X war angenehm, aber langweilig. Er sehnte sich nach Spannung und Abenteuer. Groot wollte gern mit der Gruppe ziehen, und Star-Lord hieß ihn willkommen.

Als Nächstes machten die Freunde auf dem Planeten Halfworld Station, wo sie einen grimmig blickenden Waschbären trafen, der auf einem Berg besiegter Außerirdischer stand.

Doch das war kein gewöhnlicher Waschbär. Er hieß Rocket, und ein Team von Wissenschaftlern hatte ihm überragende Intelligenz verliehen. Star-Lord war überzeugt, dass Rocket ihnen mit seinem Wissen und seinem Einfallsreichtum sehr gut bei ihren Abenteuern helfen könnte. Er lud Rocket auf ihr Schiff ein, denn auch Rocket war ganz allein.

Jetzt war das Team bereit für große Taten! Doch gerade als Peter das Raumschiff bestieg, blinkte der Alarmtracker für seinen Vater auf. Sein Vater war auf dem Planeten Halfworld! Peter und die Gruppe folgten dem Signal. Peter sah den Herrscher aus der Ferne, und dieses Mal sorgte er dafür, dass er auch bemerkt wurde.

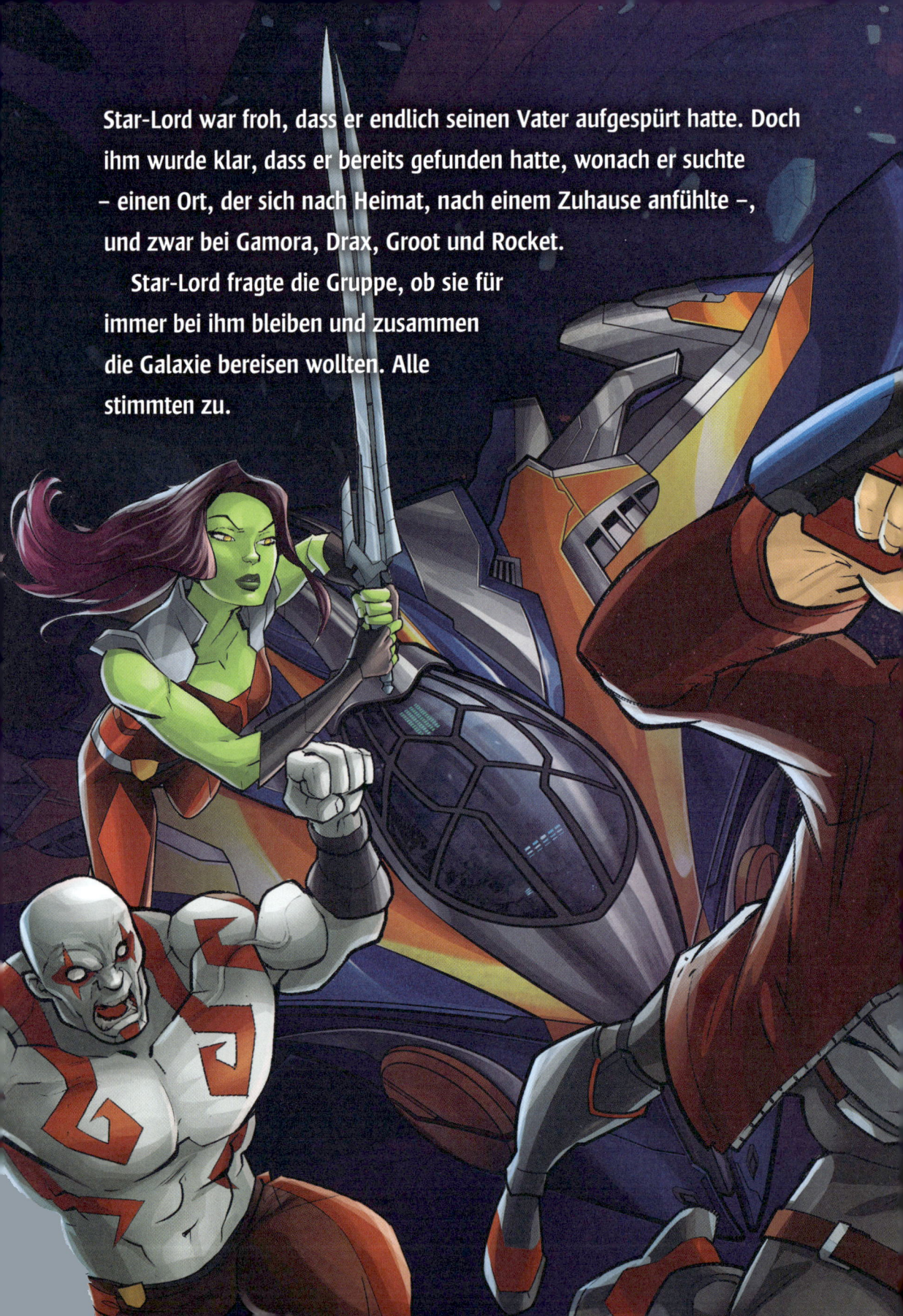

Star-Lord war froh, dass er endlich seinen Vater aufgespürt hatte. Doch ihm wurde klar, dass er bereits gefunden hatte, wonach er suchte – einen Ort, der sich nach Heimat, nach einem Zuhause anfühlte –, und zwar bei Gamora, Drax, Groot und Rocket.

Star-Lord fragte die Gruppe, ob sie für immer bei ihm bleiben und zusammen die Galaxie bereisen wollten. Alle stimmten zu.

DAS WAR DIE OFFIZIELLE
GEBURTSSTUNDE DER
GUARDIANS OF THE GALAXY!

„Ich wünschte, Nebula würde sich uns auch anschliessen", sagte Gamora seufzend.

Es war eine ruhige Nacht einige Monate später, die Guardians hatten sich auf der *Milano* versammelt und erwarteten ihre nächste große Mission.

„Ich bin mir sicher, dass sie das noch tun wird", antwortete Star-Lord. Er wusste, dass Gamora ein schwieriges Verhältnis zu ihrer Schwester hatte. Die Rivalität der Geschwister ging weit zurück.

In diesem Augenblick erreichte eine Nachricht das Schiff, und die Guardians versammelten sich.

„Oje, die Nova Corps möchten, dass wir zum Hauptquartier kommen – und zwar sofort", sagte Rocket.

IM HAUPTQUARTIER TRAFEN DIE GUARDIANS AUF EINEN WÜTENDEN OFFIZIER DER NOVA CORPS.

Sie waren ausgeraubt worden! Jemand hatte aus einem Nova-Laboratorium einen Haufen geheimer Geräte gestohlen.

„He, he, Moment mal!", protestierte Star-Lord. „Was sollen wir damit zu tun haben?"

Der Offizier starrte ihn grimmig an. „Ich weiß ja nicht, Lord Schlauberger, aber wart ihr nicht alle früher mal Verbrecher?"

Star-Lord antwortete grinsend: „Gut, das stimmt. Aber hiermit haben wir nichts zu tun. Um dir unseren guten Willen zu zeigen, werden wir sogar helfen, die Täter zu finden. Nicht wahr, Team?" Alle nickten eifrig. Der Beamte spielte ihnen das Material der Überwachungskameras vor – man sah eine Figur im Umhang, die sich, von der Dunkelheit geschützt, schnell und wendig im Labor hin und her bewegte.

„Das könnte jeder sein", meinte Gamora und brach plötzlich auf. „Wir sollten nachsehen, ob wir noch mehr Hinweise finden."

„Warte doch!", rief Star-Lord, aber Gamora war schon durch die Tür verschwunden.

Die anderen Guardians eilten ihr nach, ohne auf den Beamten zu hören, der ihnen hinterherschrie: „Bitte findet die Geräte schnell, sie können gefährlich werden!"

Die Guardians kehrten auf die *Milano* zurück, um einen Plan auszuhecken.

„Okay, Gamora, du hast es ja offensichtlich eilig, die Mission zu beginnen. Also, wo fangen wir an?", fragte Star-Lord.

Doch als Antwort kam nur Schweigen. Die Guardians suchten nach Gamora, konnten sie jedoch nirgends finden.

„Super, jetzt müssen wir sie auch noch suchen", sagte Rocket.

Drax strich sich nachdenklich über das Kinn und meinte: „Vielleicht ist sie der Übeltäter?"

„Ich bin Groot!", sagte Groot und zeigte auf ein Papier am Boden.

Star-Lord hob den Zettel auf und begann zu lesen: „Sorry, bin fort ... Habe den Dieb erkannt ... Muss das allein machen ..."

„Das wäre meine zweite Überlegung gewesen", sagte Drax.

„Wie konnte sie eine Person in diesem schlecht aufgenommenen Video wiedererkennen?", überlegte Star-Lord.

„Das müsste jemand sein, den sie sehr gut kennt", sagte Rocket, und seine Stimme wurde plötzlich langsamer und leiser.

„Nebula!", riefen er und Star-Lord gleichzeitig.

„Nebula!", ergänzte Drax eine Sekunde später. „Ich wusste es."

IN EINEM ANDEREN TEIL DER GALAXIE LENKTE GAMORA EIN KLEINES RAUMSCHIFF, DAS SIE SICH VON DEN NOVA CORPS „GELIEHEN" HATTE.

Sie war sich sofort sicher gewesen. Gamora und Nebula hatten jahrelang zusammen trainiert, Gamora hätte diese Bewegungen überall wiedererkannt. Sie musste Nebula aufhalten.

Plötzlich brummte ihr persönliches Kommunikationsgerät. „Gerade im richtigen Augenblick", dachte Gamora und drückte den Knopf.

„Im Nova-Hauptquartier wurde wegen eines fehlenden Raumschiffs Alarm ausgelöst. Ich denke, das hängt mit dir zusammen?" Die Stimme von Star-Lord drang aus der Sprechanlage. „Und ich denke auch, du willst Nebula auf eigene Faust suchen."

„Das ist mein Kampf", antwortete Gamora. „Sie ist meine Schwester, und ich habe lange auf diesen Moment gewartet. Ich muss das tun – allein."

Bevor Star-Lord noch etwas sagen konnte, brach sie die Verbindung ab.

„Grrrr!", grummelte Star-Lord frustriert. „Was sollen wir jetzt machen? Sie könnte überall sein."

„Ich bin Groot!", sagte Groot.

Star-Lord schaute ihn an und lachte. „Sie ist zwar nicht hier, aber die Nova Corps können bestimmt das verlorene Schiff nachverfolgen."

Ein paar Hundert Lichtjahre entfernt befand sich Gamora inzwischen im Landeanflug auf den Planeten Morag.

„WENN DU DICH HIER VERSTECKST, WERDE ICH DICH FINDEN", MURMELTE GAMORA BEI DER LANDUNG.

Sie hatte Nebula schon früher oft beim Stehlen erwischt und wusste, dass sie in ein Untergrundnetzwerk von Hehlerei und Schwarzmarktgeschäften verwickelt war, das sich in den unterirdischen Tunneln von Morag befand.

Gamora streifte durch die Straßen, bis sie etwas entdeckte ... Ah, da war es! Sie sah eine alte Holztür, in die seltsame Zeichen eingeritzt waren. Von der Straße aus waren diese kaum zu erkennen.

Gamora ging über eine knarrende Treppe in die Dunkelheit hinab. Am Ende der Treppe befand sich ein Tunnel, der sich in zwei Richtungen teilte. Gamora sah erst in die eine, dann in die andere Richtung. Da bemerkte sie plötzlich einen zusammengeknüllten Gegenstand im Tunnel zu ihrer rechten Seite ... Es war ein Umhang, so einen hatte Nebula im Überwachungsvideo getragen.

Sie war auf der richtigen Spur!

Aus der Ferne hörte Gamora ein paar gedämpfte Stimmen. Vor ihr endete der Tunnel, es wurde heller, dahinter lag ein großer Raum. Vorsichtig kroch sie näher.

„Ist da jemand? Warum kommst du nicht zu uns, statt im Dunkeln herumzuschleichen?"

ERWISCHT! Gamora trat in den Raum und sah Nebula. Sie stand in einer Ecke und hielt ein seltsames Gerät in den Händen. Es war rund und mit Zifferblättern und Knöpfen bedeckt. Gamora hielt es für eine Waffe.

„Ah, Gamora", sagte Nebula. „Was für eine unangenehme Überraschung!"

Der Mann, der neben Nebula stand, räusperte sich.

„Oh, entschuldige, wo bleiben meine Manieren?", fuhr Nebula fort. „Gamora, ich möchte dir gern jemanden vorstellen. Vielleicht hast du schon von ihm gehört."

„LOKI? DER MEISTER-TRICKSER?"

Gamora hatte in der Tat bereits von Loki gehört. Doch was machte er in diesem Teil der Galaxie?

Als ob er ihre Gedanken gelesen hätte, erklärte Loki: „Du bist nicht die Einzige hier mit Familienärger. Nebula und ich sind in derselben Selbsthilfegruppe für nervende Geschwister."

Gamora rollte mit den Augen.

„Das Treffen ist beendet, Schwester!", fauchte sie und machte einen Ausfallschritt auf Nebula zu. Aber Nebula drückte einen Knopf auf ihrem Gerät, und Gamora erstarrte mitten in der Bewegung.

Zu ihrem Entsetzen sah Gamora, wie sich ihr Arm senkte und das Schwert fallen ließ.

Gamora war kraftlos und konnte nichts unternehmen. Mit ihrem Gerät schien Nebula ihren Körper zu kontrollieren.

„Ganz schön schlau, oder? Bei Nova Corps haben sie lauter wunderbaren technischen Schnickschnack ausgetüftelt. Wenn ich mir überlege, welche Unruhe ich damit stiften kann ...", sagte Loki.

Da erklang plötzlich eine vertraute Stimme in der Tür. „Nicht so schnell! Wenn du dich mit Gamora anlegst, legst du dich mit uns allen an!"

Star-Lord platzte in den Raum und schoss eine Salve auf Loki ab.

Rocket folgte ihm auf dem Fuße und hielt eine gewaltige Kanone in der Faust.

Dann folgte Drax und fragte mit Blick auf Gamora: „Warum steht sie nur so da?"

„Ich bin Groot!", brüllte eine tiefe Stimme.

„Nein, Kumpel, ich glaube nicht, dass sie sich in einen Baum verwandelt hat."

„In Ordnung, wir können das jetzt auf die einfache oder lustige Art lösen", sagte Star-Lord zu Nebula.

Diese sah grinsend zu Loki und antwortete: „Lass uns etwas Spaß haben, oder?"

Schon konnten sich die Guardians nicht mehr bewegen. Da begann der Raum zu beben, und sie hörten aus der Ferne ein drohendes Donnern. Langsam hob sich die Decke des Raums, und ein Mini-Wirbelsturm fegte durch das Zimmer.

„Oh nein!", murmelte Loki wütend.

„Oh doch, Bruder!", dröhnte eine Stimme über ihnen. Loki hatte keine Zeit mehr, sich hinter Nebula zu verstecken, als ein entschlossener Krieger in den Raum trat.

Es war Thor, der mächtige Avenger.

„Oh Loki, warum musst du diese Unschuldigen in unsere Familienangelegenheiten hineinziehen?"

„Ich bin nicht so unschuldig, wie ich aussehe", meinte Nebula drohend. Sie drückte einen Knopf auf ihrem Gerät und warf es in Thors Richtung.

Loki lächelte. „Auf diesen Tag habe ich schon lange gewartet."

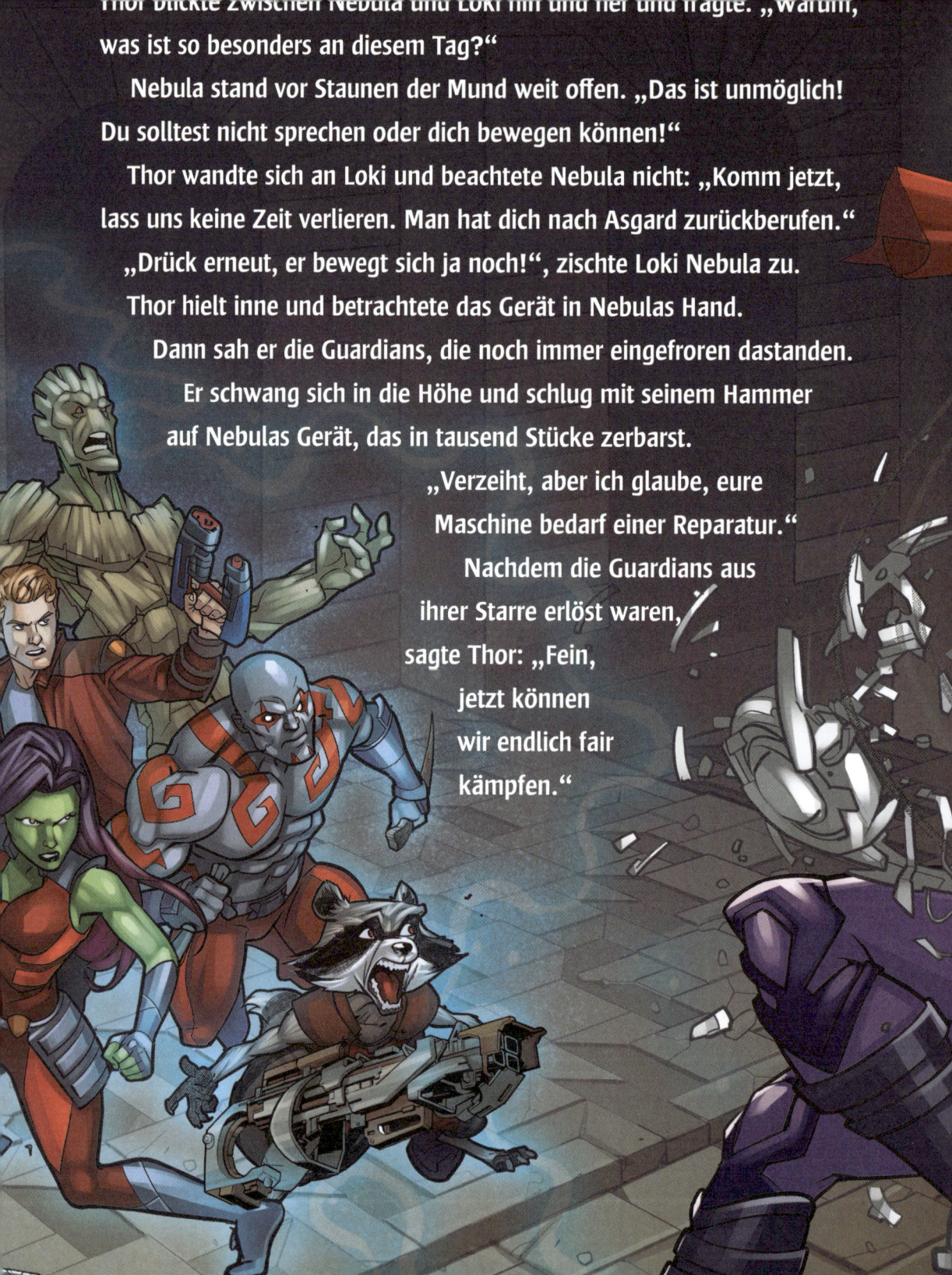

Thor blickte zwischen Nebula und Loki hin und her und fragte: „Warum, was ist so besonders an diesem Tag?"

Nebula stand vor Staunen der Mund weit offen. „Das ist unmöglich! Du solltest nicht sprechen oder dich bewegen können!"

Thor wandte sich an Loki und beachtete Nebula nicht: „Komm jetzt, lass uns keine Zeit verlieren. Man hat dich nach Asgard zurückberufen."

„Drück erneut, er bewegt sich ja noch!", zischte Loki Nebula zu.

Thor hielt inne und betrachtete das Gerät in Nebulas Hand.

Dann sah er die Guardians, die noch immer eingefroren dastanden.

Er schwang sich in die Höhe und schlug mit seinem Hammer auf Nebulas Gerät, das in tausend Stücke zerbarst.

„Verzeiht, aber ich glaube, eure Maschine bedarf einer Reparatur."

Nachdem die Guardians aus ihrer Starre erlöst waren, sagte Thor: „Fein, jetzt können wir endlich fair kämpfen."

Die Guardians dehnten und streckten ihre Muskeln, nachdem die Starre sich gelöst hatte.

Gamora nahm ihr Schwert auf und wandte sich Nebula zu. Aber ihre Schwester war schon auf der Flucht.

„Wir müssen hier weg!", rief Nebula Loki zu.

Loki sprang mit einem Salto durch die offene Zimmerdecke auf die Straßen von Morag.

„Ich erwische ihn schon", rief Thor den Guardians zu.

„Fangt ihr Nebula ein!"

Die Guardians folgten Nebula in den Tunnel, doch sie war verschwunden.

Gamora sagte stöhnend: „Sie muss eine der versteckten Notluken genommen haben. Ich glaube, ich weiß, wie man eine findet."

Sie führte die Gruppe zu einer Einbuchtung des Tunnels, die ihr schon vorher aufgefallen war. „Wir müssen hier an die Oberfläche!"

Rocket schulterte seine gewaltige Kanone und meinte: „Ich dachte schon, du fragst nie!"

Kurze Zeit später steckten die Guardians ihre Köpfe durch ein Loch im Erdreich und schauten auf die Straße.

„Da ist unser Schiff", sagte Drax.

Gamora zeigte auf eine Person, die sich der *Milano* näherte.

„Und da ist Nebula."

Star-Lord fragte: „Sollen wir uns zurückhalten, während du dich um sie kümmerst?"

Gamora und die anderen kletterten aus dem Loch auf die Straße.

Sie schüttelte den Kopf. „Nein", sagte Gamora.

Sie hatte gelernt, was Familie ebenfalls bedeutete – nicht nur, dass man zusammen großgezogen wurde, sondern auch, dass man füreinander da war.

Gamoras echte Familie stand gerade vor ihr.

„Es tut mir leid, dass ich vorhin ohne euch aufgebrochen bin. Wir sind ein Team – machen wir das gemeinsam!"

„Gemeinsam, sagst du?", fragte Rocket. „Das bringt mich auf eine Idee!"

Er nahm Drax' Hand und sagte: „Komm, Kumpel, gib mir den alten Hau-Ruck!"

Drax grinste, nahm Rocket, schwang ihn mehrmals im Kreis um sich herum und rief dabei: „Hauuuuuuu-..."

Rocket flog durch die Luft und landete krachend auf Nebula.

„... Ruck!", rief Rocket triumphierend.

DIE GUARDIANS EILTEN
HERBEI, UND GAMORA LEGTE
NEBULA HANDSCHELLEN AN.
„JETZT KANNST DU DICH
NICHT MEHR BEWEGEN,
SCHWESTERLEIN!", MEINTE
SIE SELBSTGEFÄLLIG.

Zurück im Nova-Corps-Hauptquartier übergaben die Guardians Nebula
dem Offizier.

Gamora sagte zu den anderen Guardians: „Ihr seid nicht nur mein
Team, sondern auch meine Familie. Das darf ich nicht vergessen!"

„Ich bin Groot!", rief Groot stolz.

Star-Lord rollte mit den Augen und meinte:

„Du hast recht, wir sind eine schräge Familie."

Gamora antwortete lachend:

„Und genau so will ich es haben!"

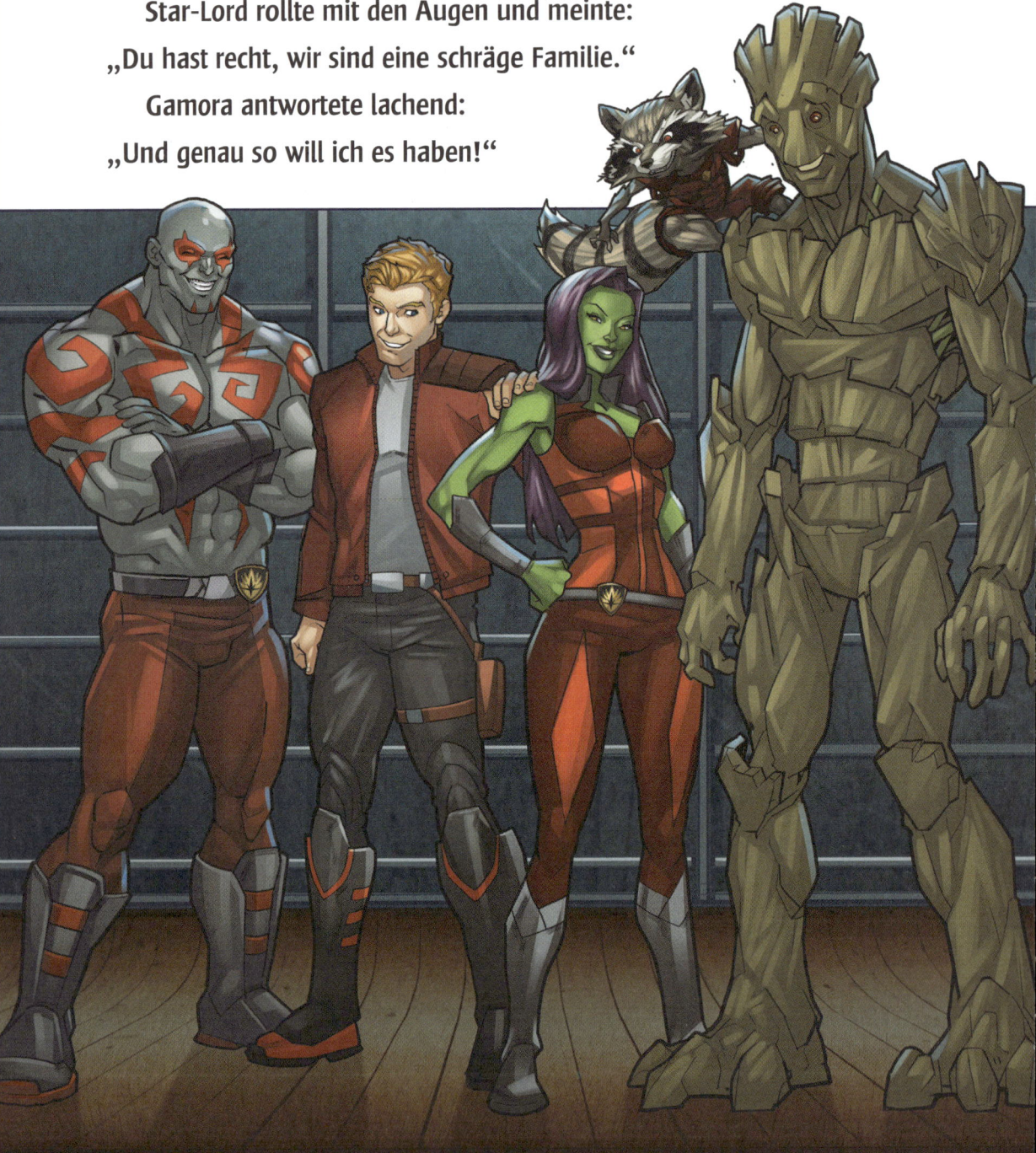

EiN STiLLER ORT

„**W**eiss jemand, wie spät es ist?"," fragte Star-Lord.

„Nicht schon wieder!", sagte Rocket stöhnend.

„Er weiß, worum es geht!", rief Star-Lord. „Es ist Mixtape-Zeit!"

Bei ihrer letzten Mission hatten die Guardians of the Galaxy auf einem Schrottplatz-Planeten einen Gettoblaster gefunden. Darin befand sich ein Mixtape mit Liedern von der Erde, die Star-Lord noch nie zuvor gehört hatte. Seitdem wurde er nicht müde, das Tape abzuspielen, egal wie sehr seine Freunde auch protestierten.

„Peter, bitte!", flehte Gamora und unterbrach ihr Kampfkunsttraining.

Aber Star-Lord war zu sehr mit Tanzen beschäftigt, um sie zu hören.

Die Guardians waren für etwas Ruhe und Entspannung auf diesen verlassenen Asteroiden gekommen. Für Gamora bedeutete das, ihre Kampfkünste zu trainieren. Immer wieder die gleichen Lieder zu hören, entsprach nicht ihrer Vorstellung von Entspannung.

„Mach, dass es aufhört!", rief Drax. „Ich kam zum Schlafen hierher und nicht, um zu zeigen, dass ich Boogie tanzen kann – was auch immer das ist!"

„Wirklich, Quill, ich versuche, mich hier zu konzentrieren", ergänzte Rocket.

„Ich bin Groot", sagte Groot und warf verärgert seine Spielkarten hin.

„Was, ich und betrügen?", rief Rocket. „Ich schummle nicht. Wenn einer betrügt, bist du es!"

„Lasst uns alle mal tief durchatmen und ...“ Gamora wurde von einem piependen Alarmgeräusch der *Milano* unterbrochen.

„Na toll, das Notsignal“, grummelte Rocket. „Natürlich genau dann, wenn ich mal ein gutes Blatt auf der Hand habe!“

„Ich bin Groot“, sagte Groot.

„Ich glaube, du hast recht“, sagte Rocket, während er das Team zum Raumschiff zurückführte.

„Einen Vorteil hat das Ganze – Star-Lord muss endlich diese Musik abstellen.“

„Ich grüße Euch, Guardians of the Galaxy", erklang die Stimme einer Außerirdischen, die auf dem Monitor erschien.

„Die Regierung des Planeten Drakenthom würde gern Ihre Dienste in Anspruch nehmen."

„Wie Sie vielleicht wissen, ist unser Planet ein Ort der absoluten Stille", fuhr die Außerirdische fort. „Sogar unsere jetzige Unterhaltung verstößt offiziell gegen unsere Gesetze. Aber wir haben keine andere Wahl. Wir erhielten Nachricht, dass sich eine Bande intergalaktischer Piraten in den Höhlen vor unserer Ostküste versteckt. Dies können wir im Hinblick auf die Sicherheit unseres Volkes nicht zulassen. Wir sind bereit, für deren Vertreibung eine Million Lannetts zu zahlen."

„Für den Preis können Sie Star-Lord gleich mit dazubekommen, wenn wir fertig sind, werte Dame", sagte Rocket.

Die Aliendame lachte nicht, und auch Star-Lord war nicht amüsiert.

„Und nicht vergessen – wenn Sie einmal den Planeten betreten haben, darf kein einziges Wort gesprochen werden", meinte die Außerirdische und beendete das Gespräch.

„Ihr habt sie gehört", sagte Rocket und sprang in den Pilotensitz. „Die Pflicht ruft!"

Schon bald sausten die Guardians in Richtung Drakenthom.

Die Piraten zu finden, war nicht schwer. Sie waren genau dort, wo die Außerirdische sie vermutet hatte.

„Haltet eure Hände so, dass ich sie sehen kann!", rief Star-Lord, sprang vom Raumschiff der Guardians und fuchtelte mit seinem Blaster herum.

Gamora warf ihm einen wütenden Blick zu.

„Was denn?", fragte Star-Lord.

Gamora antwortete nicht. Sie hielt nur den Finger an die Lippen. Es sah Star-Lord ähnlich, die einzige Bedingung ihrer Mission scheinbar vergessen zu haben.

Er formte die Lippen zum Wort „Entschuldigung".

Dann sah er sich die gaffenden Piraten genauer an. Sie waren zwar gesuchte Kriminelle, aber sie befolgten das Schweigegebot des Planeten peinlich genau.

Plötzlich war Star-Lord gezwungen, instinktiv dem Strahl einer Laserkanone auszuweichen. Gerade als die anderen Guardians am Strand landeten, eröffneten die Piraten das Feuer. Erstaunlicherweise waren die Laserwaffen genauso leise wie die Piraten selbst.

Die Guardians waren überwältigt. Ohne Anführer würde das Team schnell den Kampf verlieren. Star-Lord musste das Schweigen brechen.

„Rocket, Groot, greift eure Knarren!", rief Star-Lord.

„Gamora, Drax! Drängt sie zurück!"

Der Plan ging auf. Bald waren die Piraten in einer ihrer eigenen Höhlen gefangen.

Groot tat sein Bestes und sorgte dafür, dass das so blieb, indem er den Ausgang mit Felsbrocken versperrte.

„Uuund das wäre erledigt!", sagte Star-Lord.

Er lächelte Gamora zu, doch die schaute grimmig zurück. Er nahm das Schweigeversprechen immer noch nicht ernst.

RUUUUUMMMMPPPPEL!

Der Boden unter den Füßen der Guardians bebte.

Schon bald würde Star-Lord die merkwürdigen Gesetze des Planeten Drakenthom besser verstehen.

Plötzlich brach ein gewaltiges, drachenähnliches Biest aus der Höhle aus und schaute sich wütend um.

„Was ist das?", fragte Star-Lord.

Die Drachenohren zuckten. Dann stürzte das Monster direkt auf Star-Lord zu!

Star-Lord schrie „AHH!" und rannte um sein Leben. Der Drache folgte ihm und stieß dabei sengend heiße Stichflammen aus.

„Quill!", rief Gamora.

Der Drache drehte den Kopf in ihre Richtung.

„Das Ding wird von Geräuschen angezogen", sagte Rocket.

Auch er musste bald den heißen Flammen aus den Nüstern des Biests ausweichen.

„Und Captain Quasselstrippe hat es aufgeweckt!"

Jetzt verstanden die Freunde, warum auf Drakenthom Schweigen das oberste Gebot war. Ohne etwas zu sagen, rannte Gamora auf das Raumschiff der Guardians zu. Sie hatte eine Idee, obwohl ihr schon der Gedanke daran Schauer über den Rücken jagte.

Der Drache hatte Star-Lord in die Enge getrieben und schnappte mit seinen gewaltigen Kiefern nach unserem Helden. Doch plötzlich hielt das Monster inne. Es sah über seine Schulter.

Gamora hielt Star-Lords Gettoblaster über ihren Kopf und spielte sein Mixtape ab.

Das drachenähnliche Biest beruhigte sich durch die Musik. Die
Guardians nutzten diese Ablenkung und stürmten auf ihr Schiff zurück.
Als die *Milano* in die Luft stieg, folgte ihnen das seltsame Wesen dicht
auf den Fersen. Es sah aus, als könne der Drache auch im Weltall
überleben. Vor allen Dingen konnte er die Musik der Guardians im
Inneren des Raumschiffs hören – und ihm schien zu gefallen, was er
hörte!

Die Guardians führten den Drachen den ganzen Weg zum verlassenen Asteroiden zurück. Gamora stieg aus dem Raumschiff und stellte den Gettoblaster behutsam in die Mitte eines großen Kraters.

Gamora ging zurück zur *Milano*, während Star-Lord sehnsuchtsvoll aus einem Raumschifffenster das Biest beobachtete. Dieses hatte es sich um seine Stereoanlage herum gemütlich gemacht und war eingeschlafen.

Das Schiff der Guardians flog in die Weiten des Weltraums davon.

„Ich werde dieses Mixtape wirklich vermissen", murmelte Star-Lord.

Gamora tätschelte seine Schulter, sagte aber nichts.

Eigentlich sagte niemand etwas.

Niemand stritt, niemand sprach auch nur ein Wort. Endlich genossen die Guardians of the Galaxy ihre wohlverdiente Ruhe und Stille.